Michael Steig

AF211501

Handlungskompetenz

Kompetenzmodelle in der pädagogischen Praxis

Michael Steig

Handlungskompetenz

Kompetenzmodelle in der pädagogischen Praxis

STG

Die Deutsche Bibliothek – CIP-Einheitsaufnahme

Steig, Michael:
Handlungskompetenz : Kompetenzmodelle in der pädagogischen Praxis /
Michael Steig.- 1. Aufl.- Schotten : STG, 2000 (Norderstedt : Libri Books
on Demand)
ISBN 3-8311-0394-1

Layout: Michael Steig
Cover: Michael steig
Gesamtherstellung: Libri Books on Demand

1. Auflage 2000
ISBN 3-8311-0394-1

Inhaltsverzeichnis

Danksagung

Die vorliegende Publikation basiert auf der Abschlussarbeit zur Erlangung des Hochschulzertifikats *Führungspädagogik* der Universität Koblenz-Landau.

Besonderen Dank gilt Herrn Professor Dr. Theo Hülshoff[1], der mir in den Seminaren zum Weiterbildenden Studiengang Betriebspädagogik die Thematik *Entwicklung von Handlungskompetenz* besonders nahe gebracht hat.

Ebenso danke ich Herrn Professor Bernd Dewe[2] für die anregenden Gespräche und wertvollen Hinweise zur Vertiefung des Themas dieses Buches.

Ganz herzlich danke ich Frau Vera Leffler für das Redigieren des Manuskriptes und die wertvollen Hinweise zur Gestaltung des Buches.

Mein ganz besonderer Dank gilt meiner Frau Dorothee für ihr Verständnis und die Geduld, die sie für mich während meiner Studienzeit an der Universität Landau aufgebracht hat.

---

[1] Herr Professor Theo Hülshoff ist Leiter des Weiterbildenden Studienganges Betriebspädagogik an der Unversität Koblenz-Landau in Landau

[2] Herr Professor Bernd Dewe ist Dozent im Weiterbildenden Studiengang Betriebspädagogik

Einführung

Noch nie verfügte die Menschheit über soviel Wissen wie in der heutigen Zeit, die vom Wandel der Industrie- zur Informationsgesellschaft geprägt ist. In Unternehmen und Forschungseinrichtungen werden riesige Mengen an Daten generiert, archiviert und verteilt, die das vorhandene Wissen repräsentieren. Dieses Wissen verdoppelt sich derzeit etwa alle fünf bis sieben Jahre bei sinkender Halbwertzeit (vgl. QZ 10/97, S. 1069). Einmal erworbene Kenntnisse behalten also für eine immer kürzere Zeitspanne ihre Gültigkeit.

Das schnelle Veralten sowie der zunehmende Umfang des im Laufe eines Erwerbslebens benötigten Wissens macht lebenslanges Lernen im Sinne einer ständigen berufsbegleitenden Weiterbildung zur Selbstverständlichkeit.

Dabei gewinnt eine wesentliche Erkenntnis immer mehr an Bedeutung: In Zeiten, wo Qualifikation der Mitarbeiter die Innovationskraft und Wettbewerbsfähigkeit eines Unternehmens maßgeblich beeinflusst, ist reines Fachwissen längst nicht mehr ausreichend.

Ziel inner- und überbetrieblicher Qualifizierungsmaßnahmen muss deshalb die Ausbildung einer umfassenden beruflichen Handlungskompetenz sein. Aber nicht nur die betrieblichen Qualifizierungsmaßnahmen stellen Handlungskompetenz immer mehr in den Vordergrund. Die Handlungstheorie kann so die Pädagogik – und mit ihr eingeschlossen die Betriebs- und Führungspädagogik – als handlungsorientierte und -orientierende Wissenschaften über die Bedingungen pädagogischen Handelns aufklären. Von Bedeutung ist dabei die Frage nach der Begründung von Handeln durch die selbstbestimmte Intention der Person, die erst Erziehung zur Mündigkeit und Handlungskompetenz ermöglicht (Böhm, 1994).

Die angeschnittene Thematik begegnet uns in verstärktem Maße in den unterschiedlichsten Veröffentlichungen. Ausgelöst durch die den *Weiterbildenden Studiengang Betriebspädagogik* einführenden Worte von Professor Theo Hülshoff (Hülshoff, 1996) entstand das Motiv zu erfahren, was wirklich hinter dem Begriff *Handlungskompetenz* steht. Auf der Suche nach den verschiedenen Mosaiksteinen, welche Komponenten nun Bestandteil von Handlungskompetenz sind und vor allem wie Handlungskompetenz entwickelt werden

3

kann, bin ich auf die unterschiedlichsten Definitionen und Ausprägungen gestoßen.

Im folgenden Kapitel 2 *Definitionen* werden zunächst die verschiedenen Kompetenzen (Begriffe und Inhalte) beschrieben und analysiert.

Das Kapitel 3 *Verschiedene pädagogische Modelle* beschreibt die Modelle, die verschiedene Autoren aus den einzelnen Kompetenzen entwickelt haben.

Kapitel 4 *Vergleichbarkeit der Modelle* unternimmt den Versuch, Gemeinsamkeiten und Differenzen der verschiedenen Modelle aufzuzeigen und zu bewerten.

Die Ergebnisse der Untersuchung werden im Kapitel 5 *Zusammenfassung* abschließend beurteilt.

Definitionen

Kompetenz

Der Begriff Kompetenz – in der Sozialwissenschaft seit Ende der 60er Jahre (Chomsky 1970) gebräuchlich – begegnet uns in den einschlägigen Wörterbüchern der deutschen Sprache mit zwei Erläuterungen:

1. Zuständigkeit, Befugnis
2. Sachverstand, Können

Begriffsgeschichtlich stammt der Kompetenzbegriff in der Pädagogik aus der Biologie. Dort meint Kompetenz (Zuständigkeit) die Fähigkeit und die „Bereitschaft embryonaler Zellen, auf einen bestimmten Entwicklungsreiz zu reagieren" (Baacke 1973, S. 261f.).

Bei Dewe (1997) finden wir folgende Ausführungen: „Allgemein charakterisiert der Kompetenzbegriff ... eine ganz bestimmte Qualität von Wissen, die nicht inhaltlich oder sachlich bestimmt, sondern höher aggregiert ist. Kompetenz als Wissen beziehungsweise als kognitive Fähigkeit betrifft keine sachliche Phänomenebene, sondern die Fähigkeit im Umgang mit Wissen selbst. Diesen Fähigkeiten eines kompetenten Umgangs mit Wissen wird in der Erwachsenenbildung schon seit längerer Zeit hohe Bedeutung beigemessen".

Auch die Wissenschaftler und Praktiker in der Gerontologie beschäftigen sich in den letzten Jahren immer häufiger mit „Kompetenz". White (1959, zitiert in Oerter/ Montada, 1995, S.1127) hat den Kompetenzbegriff in die Psychologie eingeführt. Er behauptet, kompetent zu sein sei als Grundbedürfnis des Menschen anzusehen, denn das Gefühl von Kompetenz stelle sich ein, wenn „Menschen zielgerichtet, selektiv und persistierend auf die Umwelt einwirken, um bestimmte erwünschte Konsequenzen zu erreichen."

5

In einer anderen Sicht wird Kompetenz als „Verfügung über Fertigkeiten" definiert. Diese intellektuellen, sozialen, behavioralen oder affektiven Fähigkeiten repräsentieren das Kompetenzpotenzial eines Individuums.

Eine andere Perspektive bezeichnet Kompetenz im Sinne von Lebensmeisterung, also „Selbstwirksamkeit" oder „subjektiv wahrgenommene Kompetenz" (Oerter/ Montada, 1995, S. 1128).

Schließlich wird in einer vierten Perspektive „Kompetenz nicht nur im Sinne von Mitteln und Fertigkeiten (Verhalten, Intelligenz etc.) angesprochen, sondern auch als Verhaltenseffektivität." (ebenda).

Handlungskompetenz

Unter dem Begriff *Handlungskompetenz* werden eine Reihe weiterer Kompetenzen subsumiert. Wir finden hier u.a. Fachkompetenz, Methodenkompetenz, Personal- und Sozialkompetenz, aber auch Sach-, Selbst- und Individualkompetenz.

Neuere Managementliteratur prägt die Begriffe wie Beziehungskompetenz, emotionale und intuitive Kompetenz.

Fachkompetenz

Hülshoff (1996) definiert Fachkompetenz (fachliche Kompetenz) unter der Fragestellung: Welches fachliche Wissen ist für eine bestimmte Tätigkeit erforderlich?

Die *Abbildung 1 Fachkompetenz nach T. Hülshoff* (Hülshoff 1998a) zeigt als Netzbild die Elemente der Fachkompetenz.

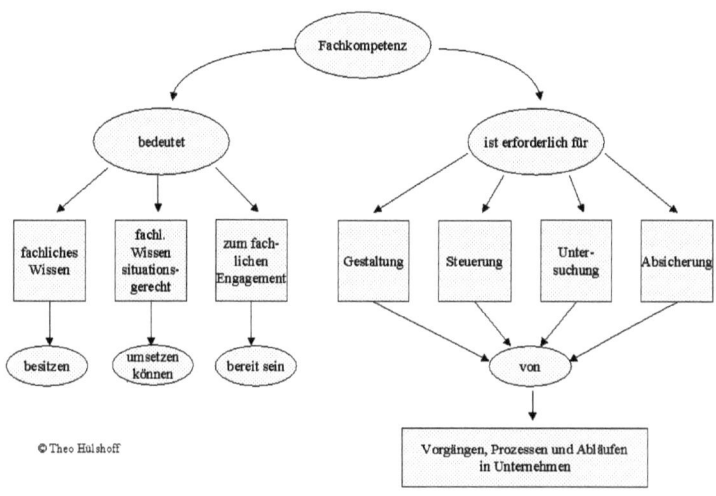

Abbildung 1 Fachkompetenz nach T. Hülshoff

„Fachkompetenz bedeutet:

- fachliches Wissen besitzen,
- fachliches Wissen situationsgerecht umsetzen können
- zum fachlichen Engagement bereit sein.

Fachkompetenz ist erforderlich für die Gestaltung, Steuerung, Untersuchung und Absicherung von Vorgängen, Prozessen und Abläufen im Unternehmen."

Für die Erläuterung der *Abbildung 2 Handlungswissen entwickeln* beginne ich bei Ziffer 1. Durch Erziehung und Ausbildung in der Schule, Lehre, Fachhochschule oder Universität erlangen Menschen Wissen, das sie benennen können. Die Pädagogik spricht dann von „deklarativem Wissen". Falls die Menschen dieses Wissen nicht „vergessen" haben, können sie auch darüber reden (Ziffer 2). Insgesamt bildet dieses Wissen das Sach- oder Fachwissen, auch „Theorie" genannt.

Im nächsten Schritt (Ziffer 3) lernen Menschen nun, dieses Sachwissen auch in der Praxis anzuwenden. Die Wissenschaft spricht in diesem Fall vom sog. „prozeduralen Wissen". Menschen wissen also, wie sie ihr theoretisches Wissen anwenden sollten, haben aber in der Anwendung noch keine oder nur wenig Erfahrung. Diesen Zustand erreichen Menschen zum Beispiel, wenn sie in Seminaren Gruppenübungen machen oder an Rollenspielen teilnehmen. Alles eben Gehörte ist völlig klar, doch wenn sie es kurzfristig umsetzen sollen, stehen sie „auf dem Schlauch". Nichts ist klar, weil ihnen die Übung fehlt! Das Gelernte bleibt zunächst „praktische Theorie".

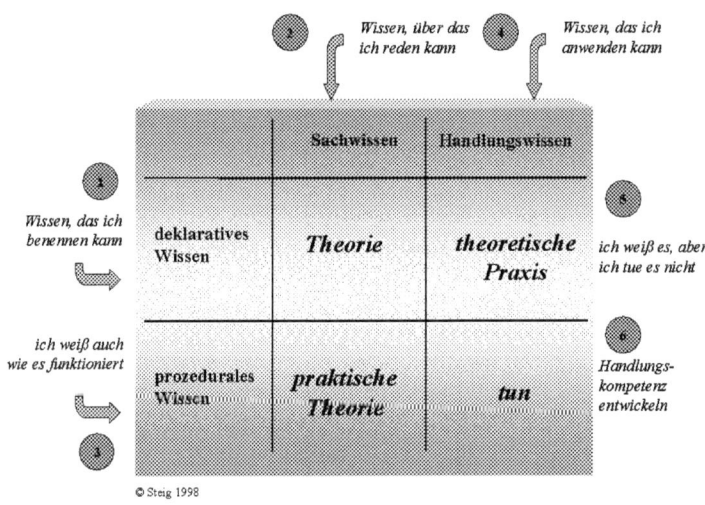

Abbildung 2 Handlungswissen entwickeln

Erst allmählich wird aus der „praktischen Theorie" „theoretische Praxis". Menschen lernen, ihr Wissen anzuwenden (Ziffer 4). Es erfolgt nun der Übergang von Sachwissen zum Handlungswissen. Wenn Menschen also ihr Sachwissen auch anwenden, beginnen sie sich zu bewegen, sie beginnen zu handeln. „Theoretische Praxis" bedeutet nun, dass sie wissen, wie sie ihr Wissen anwenden können, jedoch sie tun es noch nicht wirklich (Ziffer 5).

Den Begriff „Wissen" in den vorausgegangenen Abschnitten können wir auch durch „Kompetenz" (Fähigkeit) ersetzen. Erst dann, wenn Menschen wirklich handeln, all ihr Wissen und ihre Fähigkeiten anwenden, beginnen sie wirklich Handlungskompetenz zu entwickeln (Ziffer 6).

Methodenkompetenz

Hülshoff (1996) definiert Methodenkompetenz (methodische Kompetenz) unter der Fragestellung: Wie gehe ich vor, um eine bestimmte Tätigkeit fachlich richtig auszuführen? *Abbildung 3 Methodenkompetenz* (Hülshoff 1998a) zeigt als Netzbild die Elemente der Methodenkompetenz.

„Methodenkompetenz bedeutet:

- wissen, welcher Weg einzuschlagen ist,
- diesen Weg gehen können und
- bereit sein, diesen Weg zu gehen.

Methodenkompetenz ist erforderlich für die Gestaltung, Steuerung, Untersuchung und Absicherung von Vorgängen, Prozessen und Abläufen im Unternehmen."

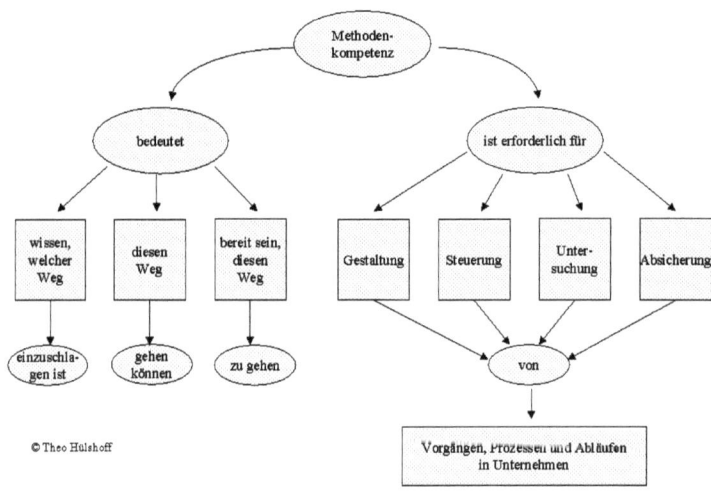

Abbildung 3 Methodenkompetenz

10

Kommunikative Kompetenz

Kommunikative Kompetenz ist die Fähigkeit (Löwisch, 1996), mit anderen Menschen Informationen auszutauschen - verbal und non-verbal.

Kommunikative Kompetenz bedeutet:

- Verstehensfähigkeit zu haben, d.h. zuhören zu können
- Reflexionsfähigkeit zu haben, d.h. antworten zu können
- Sprachfähigkeit zu haben, d.h. sprechen zu können
- Handlungsfähigkeit zu haben, d.h. handeln zu können

Kommunikative Kompetenz ist das Verbindungsglied zwischen den übrigen vier Kompetenzen (o.g. Fähigkeiten), wie sie *Abbildung 4 Komponenten der Kommunikativen Kompetenz* darstellt.

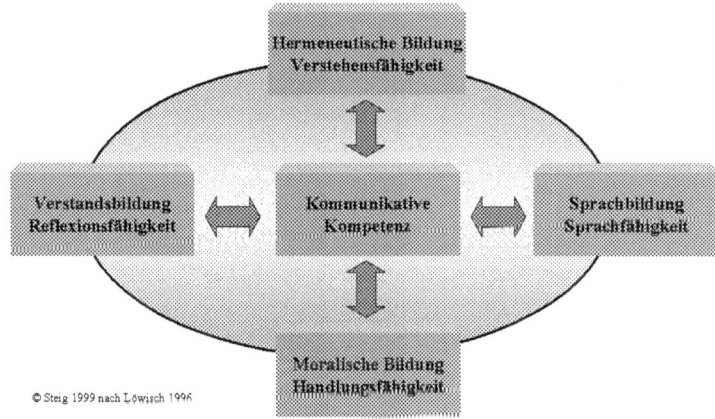

© Steig 1999 nach Löwisch 1996

Abbildung 4 Komponenten der Kommunikativen Kompetenz

Aufgrund der Bedeutung der Kommunikativen Kompetenz im Zu-sammenhang mit den Handlungskompetenzmodellen, werde ich diese hier etwas ausführlicher behandeln.

Beginnen wir zunächst mit einer Klärung bzw. Festlegung der wichtigsten Begriffe zur Kommunikation zwischen Individuen. Wir unterscheiden:

- symmetrische und asymmetrische Kommunikation,
- monologische und dialogische Kommunikation,
- inhaltsbezogene und hierarchische Kommunikation,
- intrapersonale und interpersonale Kommunikation

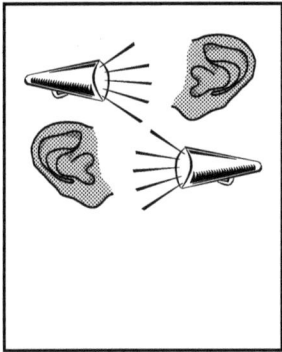

Symmetrische Kommunikation ist durch Ausgewogenheit und wechselseitigen Austausch zwischen den Kommunikationspartnern gekennzeichnet. Sie bedeutet aber auch Ersetzbarkeit und Umkehrbarkeit. Je symmetrischer die Kommunikation zwischen Menschen verläuft, desto größer ist die Chance, dass Kommunikationsinhalte bzw. Bedeutungsinhalte übertragen werden.

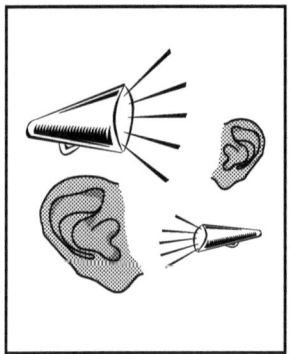

Asymmetrische Kommunikation liegt immer dann vor, wenn es sich bei der Kommunikation um ein unausgewogenes Verhalten handelt. Sie wird auch als komplementäre Kommunikation bezeichnet. Dieses unausgewogene Verhalten kann z.B. in der Unterschiedlichkeit von Informationen und Wissen einerseits oder in der Unterschiedlichkeit von Standeszugehörigkeit und Hierarchie andererseits bestehen.

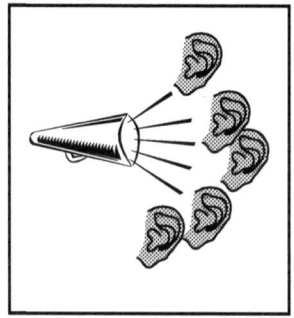

Monologische Kommunikation ist eindeutig eindimensional gerichtet, vom Sender zum Empfänger (Rede halten, Monolog halten usw.). Eindeutig bedeutet hier aus der Sicht des Senders, dass keine Rückkopplung bzgl. des Bedeutungsinhaltes (unmittelbar) möglich ist beziehungsweise stattfindet.

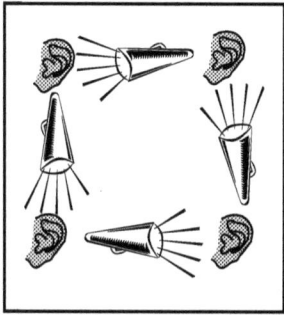

Dialogische Kommunikation ist eine Kommunikation, die im Wechselgespräch stattfindet. Hierbei haben die Teilnehmer wirkliche Anteilnahme an den Inhalten der Kommunikation. Der Verstand und die Vernunft der Teilnehmer werden angewendet.

Eine inhaltsbezogene Kommunikation (horizontale Kommunikation) setzt sich mit dem Bedeutungsinhalt der Kommunikation auseinander. Die Gesprächspartner stehen in einem Gedankenaustausch oder Dialog miteinander, sie können über den Bedeutungsinhalt und ihre Kommunikation sprechen und verhandeln.

Hierarchische Kommunikation (vertikale Kommunikation) liegt dann vor, wenn unterschiedliche Ebenen (Hierarchien) im Spiel sind. Das kann die Zugehörigkeit der Gesprächsteilnehmer zu unterschiedlichen sozialen Gruppen oder zu unterschiedlichen hierarchischen Ebenen z.B. in einem Unternehmen sein. Hierarchische Kommunikation ist durch Formalien, Rituale, Gesetze, Normen oder Verhaltensrahmen geprägt.

Intrapersonale Kommunikation ist die Kommunikation, die in jedem Menschen selbst stattfindet. Diese Kommunikation wird auch als Denken oder Reflektieren bezeichnet. Sie ist „das Sprechen mit sich selbst", die Kommunikation mit dem „ICH". Sie bedeutet, Erkenntnisse zu erlangen und Entscheidungen (bewusst oder unbewusst) zu treffen.

Interpersonale Kommunikation ist die Kommunikation, die zwischen zwei, mehreren oder vielen Personen stattfindet.

asymmetrische K.	*symmetrische K.*
unausgewogen, unausgeglichen, unterschiedlich	ersetzbar, ausgewogen, austauschbar, umkehrbar
monologische K.	*dialogische K.*
eindimensional, keine Reflexion, kein unmittelbares Feedback	Wechselgespräch, teilhaben
hierarchische K.	*inhaltsbezogene K.*
Formalien, Rituale, Gesetze, Normen, Verhaltensrahmen	Dialog, verhandeln, Gedankenaustausch
interpersonale K.	*intrapersonale K.*
Information, Feedback	Wissen, Werte, Erfahrung, Gefühle, Emotionen

Tabelle 1 Kommunikative Kompetenz - Gegenüberstellung

Interpersonale Kommunikation zwischen Partnern kann dialogisch, inhaltlich und symmetrisch sein. Sie kann aber auch monologisch, hierarchisch oder asymmetrisch sein, und zwar immer dann, wenn die Möglichkeit der unmittelbaren Rückkopplung nicht gegeben ist.

Die Fähigkeit zu intrapersonaler Kommunikation ist unabdingbare Voraussetzung dafür, die übrigen hier beschriebenen Kommunikationsformen zu praktizieren. D.h. ohne eine intrapersonale Kommunikation ist interpersonale Kommunikation nicht möglich. Allerdings bedingt die Entwicklung der intrapersonalen Kommunikation eines Individuums das Vorhandensein einer interpersonalen Kommunikation. *Abbildung 5 inter- und intrapersonale Kommunikation* zeigt den systemischen Zusammenhang.

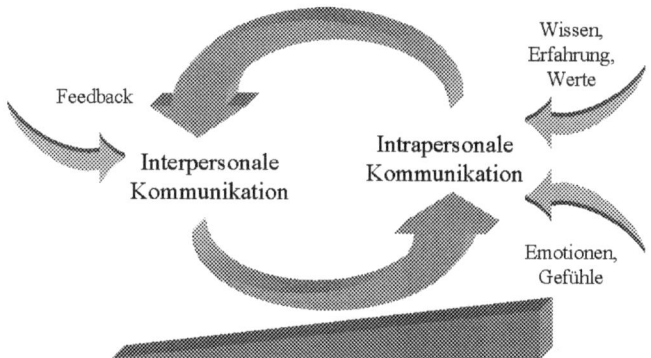

Die Entscheidungsfähigkeit eines Menschen wächst mit seiner zunehmenden Sozialisation (Reife)

Abbildung 5 inter- und intrapersonale Kommunikation

Im Laufe der Sozialisation (Reife) eines Menschen wächst seine Entscheidungsfähigkeit durch das sich gegenseitige Bedingen der inter- und intrapersonalen Kommunikation.

Die fünf metakommunikativen Axiome

„Das Wort *Axiom* bedeutet eigentlich *Wertschätzung, Würde, Ansehen, Machtstellung*. Es wird als Begriff in der Logik gebraucht mit der Bedeutung eines Satzes, dessen *Richtigkeit von allen anerkannt und von niemandem in Zweifel gezogen wird.*" (Löwisch, 1996, S.24). Ein Axiom ist also ein Grundsatz, dessen Wahrheit unmittelbar einleuchtet, von dem andere Sätze abgeleitet werden und der seinerseits nicht beweisbar ist.

Das erste Axiom der Kommunikationsforschung lautet:

Man kann nicht nicht kommunizieren!

Jedes Verhalten ist an Kommunikation gebunden. „Da der Mensch sich immer verhält, auch wenn er nichts tut, kann er tun und lassen was er will, er kommt aus dem Verhalten und damit aus dem Kom-

15

munizieren nicht heraus. Auch die bewusste Ablehnung des Kommunizierens, das Sich-Distanzieren, selbst das vermeintliche Aussteigen aus dem Kommunikationsprozess durch Schweigen ist selbst wieder eine Form des Kommunizierens." (Löwisch, ebenda).

Das zweite Axiom der Kommunikationsforschung lautet:

> **Jede Kommunikation hat einen Inhaltsaspekt und einen Beziehungsaspekt der Art, dass letzterer den ersteren bestimmt und daher eine Metakommunikation ist!**

Die Art und Weise, wie Menschen miteinander kommunizieren ist durch das soziale Verhältnis bestimmt, in dem die kommunizierenden Menschen zueinander stehen. Hinter dem - eigentlich auf Inhalte bezogenen - Kommunikationsvorgang steht also immer das soziale Beziehungselement. Jede Kommunikation enthält also immer eine Mitteilung sozialer Art (Neid, Freude, Zuneigung, Ablehnung usw.), die über die Mitteilung inhaltlicher Art hinausgeht. Die Mitteilung sozialer Art wirkt sich funktional aus, sie wird von den Kommunikationspartnern oft nicht bewusst wahrgenommen.

Das dritte Axiom der Kommunikationsforschung lautet:

> **Die Natur einer Beziehung ist durch die Interpunktion der Kommunikationsabläufe seitens der Partner bedingt!**

In Formulierungen gibt Person A z.B. eine Mitteilung an Person B, dass diese nichts vergessen solle. Person B interpunktiert diese Mitteilung, setzt also hinter jede Mitteilung einen Punkt. Person A tut das Ihrige. Auf diese Weise kommt eine Kommunikation zustande, die nicht primär durch das sachliche Moment gekennzeichnet ist, sondern durch das mitschwingende - und das sachliche Moment bestimmende - soziale Moment. Das sachliche Moment ist in allen Fällen nur, dass „x nicht vergessen werden soll", alles andere ist „sozial" gewendet.

Das vierte Axiom der Kommunikationsforschung lautet:

> **Menschliche Kommunikation bedient sich digitaler und analoger Modalitäten!**

16

Digitale Kommunikationen haben eine komplexe und vielseitige logische Ordnung aber eine auf dem Gebiet der Beziehungen unzulängliche Semantik[3]. Analoge Kommunikationen dagegen besitzen dieses semantische Potenzial, es mangelt aber an der für eindeutige Kommunikation erforderlichen logischen Syntax[4],.

„Digitale Kommunikationen nun haben das Vermögen, etwas inhaltlich, sachlich und begrifflich durch das Bezeichnen zu ordnen. Sachverhalte werden bezeichnet und erhalten durch die Bezeichnung ihre inhaltliche, sachliche und begriffliche Ordnung. Diese Ordnung ist objektiv. Auf dem Gebiet der Beziehungen, die nicht objektiv erfassbar sondern subjektiv deutbar sind, herrscht eine unzulängliche Semantik vor. Im digitalen Vorgehen kommt nicht das subjektive Moment, sondern primär das Moment der objektiven logischen Erfassung zum Tragen." (Löwisch, 1996, S.27).

„Die analoge Kommunikation dagegen legt auf den Bedeutungsausdruck Wert, sie besitzt also dieses semantische Potenzial, vernachlässigt dafür aber die für die eindeutige Kommunikation erforderliche logische Syntax." (Löwisch, ebenda).

Eindeutigkeit können wir nur durch begriffliche Klarheit herstellen, die an die digitale Kommunikation gebunden ist. Menschliche Kommunikation umfasst immer beide Bereiche, wie das zweite Axiom festlegt, weist sie immer Inhaltsaspekt und Beziehungsaspekt auf.

Das fünfte Axiom der Kommunikationsforschung lautet:

> **Zwischenmenschliche Kommunikationsabläufe sind entweder symmetrisch oder komplementär, je nachdem, ob die Beziehung zwischen den Partnern auf Gleichheit oder Unterschiedlichkeit beruht!**

---

[3] Semantik bedeutet im Griechischen die Lehre der Bedeutung von Satz und Wort.

[4] Syntax ist im Griechischen die Ordnung, Zusammenfügung, Gliederung, Satzart

„Symmetrische Kommunikation charakterisiert ein ausgewogenes und gleichrangiges Verhalten der Kommunikationspartner. Es ist ein Verhalten zwischen Gleichrangigen und es ist ein umkehrbares Verhalten, denn unter dem Symmetrie-Effekt können Sender und Empfänger ihre Rollen tauschen. In diesem Sinne ist es auch dialogisch." (Löwisch, ebenda).

„Das komplementäre Verhalten, das an die Voraussetzung der Asymmetrie gebunden ist, ist ein sich ergänzendes kommunikatives Verhalten." (Löwisch, ebenda). Es ist ein statusunterschiedenes, unausgewogenes, hierarchisches Verhalten. Jedes Verhalten, bei dem Menschen um Rat und Information suchen, gehört zur komplementären oder asymmetrischen Kommunikation.

Bedeutung

Diese fünf metakommunikativen Axiome sind den Kommunikationspartnern in der Regel nur selten bewusst. Wir müssen sie daher durch Metakommunikation ins Bewusstsein heben. Dieses ist besonders dann wichtig, wenn Kommunikation als Mittel eingesetzt wird um andere zu führen, zu informieren, zu leiten, zu umwerben. Ein bewusster Umgang mit der Metakommunikation kann außerdem davor schützen, gegängelt und manipuliert zu werden.

Kommunikation und Interaktion

Erst die Kommunikative Kompetenz macht die Wechselwirkung zwischen unserem Handeln und unserem Verhalten möglich. Die *Abbildung 6 systemischer Zusammenhang zwischen Handeln und Verhalten* zeigt diese Wechselwirkung.

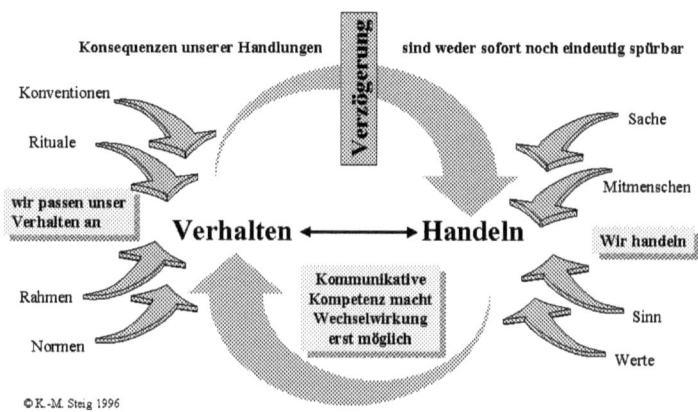

Abbildung 6 systemischer Zusammenhang zwischen Handeln und Verhalten

Unser Handeln mit Sachen und Mitmenschen wird durch unsere Wertevorstellungen und Sinnhaftigkeit gesteuert. Wir handeln und beobachten die Konsequenzen unseres Handelns (Reflexionsfähigkeit). Wir passen unser Verhalten unter Einbeziehung von Rahmenbedingungen, Normen, Ritualen und Konventionen an. Wir erhalten mehr oder weniger Feedback bezüglich unseres Verhaltens. Die Konsequenzen unserer Handlungen sind jedoch nicht sofort und auch nicht eindeutig spürbar, so dass sich Veränderungen unseres Verhaltens auf unser Handeln erst nach längerer Zeit einstellen (Verzögerung). Diese Verhaltensänderung verändert jedoch unser Handeln und unsere Interaktion.

19

Handeln als Folge kommunikativer Kompetenz

Elementare Bestandteile der Kommunikativen Kompetenz sind:

- zuhören,
- antworten und
- sprechen können.

Aus dem Zusammenwirken von Zuhören, Antworten und Sprechen resultiert also unser Handeln. Es ist immer an die von einem einzelnen Menschen initiierten Aktivitäten gebunden.

Daraus können wir folgende Konsequenzen ziehen: Wenn wir davon ausgehen, dass Kommunikative Kompetenz sich auf Interaktionen bezieht, dann hat das zur Folge, dass Momente wie *Zuhören-, Antworten-* und *Sprechen-können* dabei notwendig werden. Kommunikative Kompetenz setzt sich somit zusammen aus den Fähigkeiten des Zuhörens, des Antwortens, des Sprechens und kulminiert in der Fähigkeit des kommunikativen Handelns.

„Reflexionsfähigkeit und Selbstbestimmung sind die Grundlage jedes verantwortungsvollen Handelns. Im Zusammenspiel zwischen Identität, Denken, Sprechen und Handeln liegt der Schlüssel zur integeren Persönlichkeit, die zu Selbstzufriedenheit und zum harmonischen Umgang mit anderen führt." (Faix/Laier, 1996, S. 123).

Soziale Kompetenz

Hülshoff (1996) definiert soziale Kompetenz unter der Fragestellung: Wie kommuniziere ich im Rahmen meiner bestimmten Tätigkeit mit anderen?

Die *Abbildung 7 Sozialkompetenz nach Hülshoff* (Hülshoff 1996) zeigt als Netzbild die Elemente der sozialen Kompetenz.

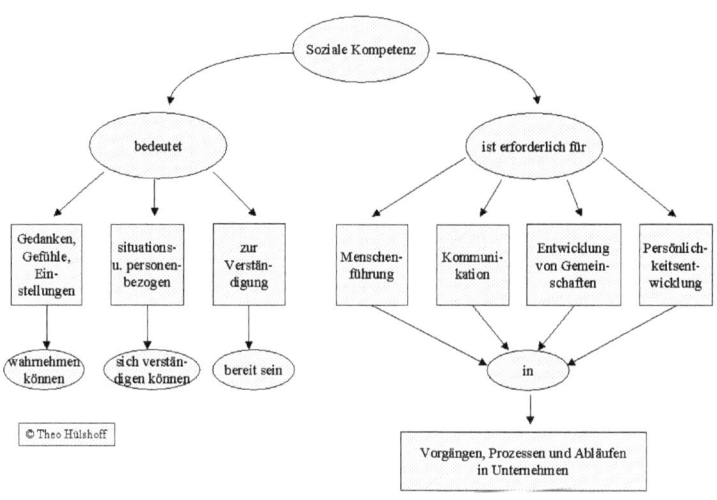

Abbildung 7 Sozialkompetenz nach Hülshoff

„Soziale Kompetenz bedeutet:

- Gedanken, Gefühle, Einstellungen wahrnehmen können,
- situations- und personengebunden sich verständigen können und
- zur Verständigung bereit sein.

Soziale Kompetenz ist erforderlich für Menschenführung, Kommunikation, Entwicklung von Gemeinschaften und Persönlichkeitsentwicklung in Vorgängen, Prozessen und Abläufen im Unternehmen."

21

Bei Faix/Laier (1994, S. 62) finden wir folgende Definition sozialer Kompetenz: „Soziale Kompetenz entsteht durch das synergetische Zusammenwirken von:

- Selbst-Bewusst-Sein
- Verantwortungs-Bewusst-Sein
- Mündig-Sein

Nur wenn alle drei Komponenten verknüpft werden und im Einklang stehen, kann sozial kompetente Handlungsfähigkeit entstehen."

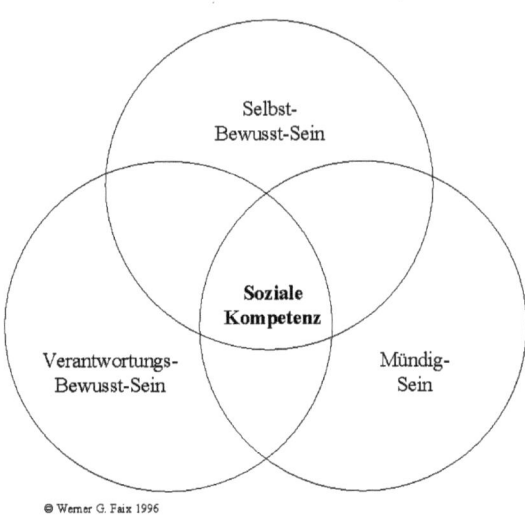

© Werner G. Faix 1996

Abbildung 8 Sozialkompetenz nach Faix/Laier

Die *Abbildung 8 Sozialkompetenz nach Faix/Laier* zeigt ihr Modell der sozialen Kompetenz. „Soziale Kompetenz bedeutet demnach im menschlichen Miteinander: Das Ausmaß, in dem der Mensch fähig ist, im privaten, beruflichen und gesamtgesellschaftlichen Kontext selbständig, umsichtig und nutzbringend zu handeln." (Faix/Laier 1996, S. 62).

Danach ergeben sich folgende Dimensionen sozialer Kompetenz (s. *Abbildung 9 Dimensionen sozialer Kompetenz*).

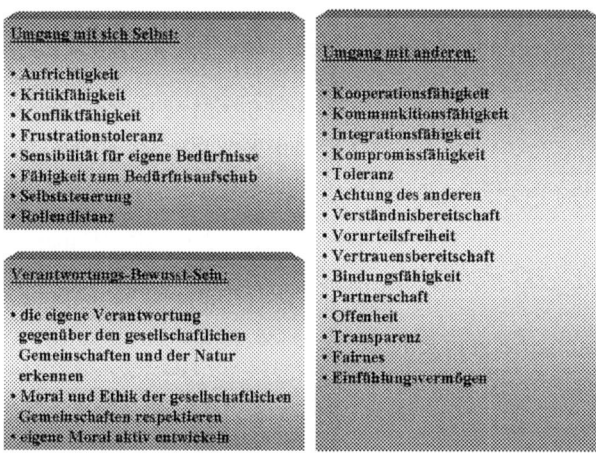

© Steig 1998 (nach Faix 1996)

Abbildung 9 Dimensionen sozialer Kompetenz

Die soziale Kompetenz ist nach Faix/Laier (1996, S. 64) „ein Balanceakt zwischen Selbstverwirklichung und gelungener Anpassung an die Normen, Werte und Anforderungen, die Dritte an uns stellen."

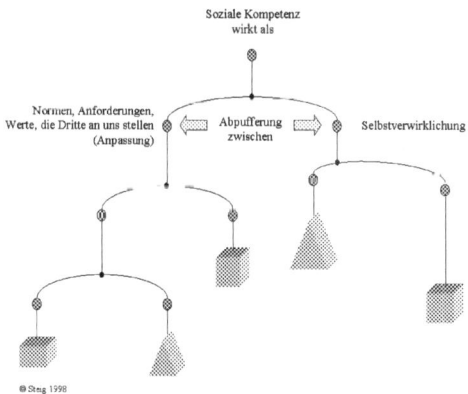

Abbildung 10 Mobilé-Effekt

23

Soziale Kompetenz wirkt im Sinne eines Stabilisierungsmittels im „System Mensch", das ihn quasi vor dem „Umkippen" bewahrt. *Abbildung 10 Mobilé-Effekt* soll diese Zusammenhänge noch einmal verdeutlichen. Danach können wir von einem Mobilé-Effekt sprechen; denn gelingt uns die Ausballanzierung zwischen den beiden Polen nicht, können extreme Verhaltensweisen auftreten.

Für Faix/Laier ergeben sich zwei Hauptaspekte, die sich auf das Ausmaß sozialer Kompetenz niederschlagen:

- Zum einen die Entfaltung der eigenen Persönlichkeit als Voraussetzung für selbständiges und selbstbewusstes Handeln

- Zum anderen die Fähigkeit, in der Gemeinschaft (in Familie, Schule, Betrieb, Gesellschaft) zu leben, zu arbeiten, Verantwortung zu übernehmen und aktiv als mündiger Bürger an der gesellschaftlichen Entwicklung mitzuwirken (vergl. Faix/Laier 1996, S.62 f).

Soziale Kompetenz wird hier als die komplexeste Verhaltensdimension bezeichnet, die wir kennen. Sie setzt sich aus unterschiedlichen Facetten zusammen, wird aus biologischen Anlagen, kulturellen Kontrollmustern und eigenen inneren Werten gebildet und steuert unser Leben, ohne dass wir sie selbst bis ins letzte Detail steuern, trainieren oder gar reglementieren können.

Soziale Kompetenz unterscheidet sich in einem ganz wesentlichen Punkt von den übrigen Kompetenzen: Wir können sie nur in Gemeinschaft ausbilden.

In diesem Zusammenhang bekommt das Modell „Parameter des lernenden Unternehmens" (Hülshoff, 1996/1998 *Abbildung 11 Parameter des lernenden Unternehmens*) Bedeutung für die persönliche Entwicklung des Menschen schlechthin. Führungskräfte entwickeln danach ihre Handlungskompetenz aus dem Spannungsfeld, das zwischen den beiden Brennpunkten der Ellipse entsteht. Der linke Brennpunkt repräsentiert die eigene, individuelle Persönlichkeit (personale Kompetenz), das ICH; der rechte Brennpunkt steht für Gemeinschaft (Ausbildung der sozialen Kompetenz), das WIR.

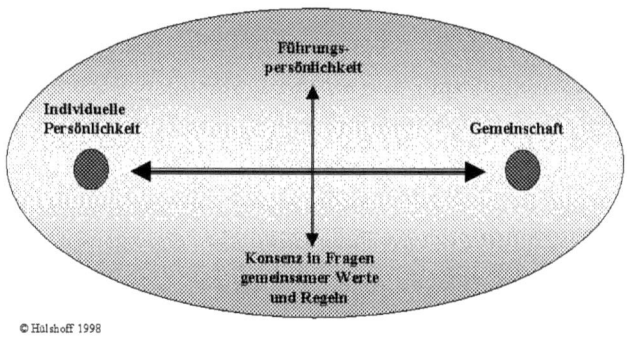

© Hülshoff 1998

Abbildung 11 Parameter des lernenden Unternehmens

Zwischen dem ICH und dem WIR entsteht ein natürliches Spannungsfeld, das zu überwinden geistige Energie benötigt. Um die Spannung zwischen den beiden Brennpunkten zu erhalten, ist eine Führungskraft erforderlich. Diese hält die Balance und bringt geistige Energie ein. Ein Individuum kann sich einerseits nur entwickeln, wenn Gemeinschaft vorhanden ist, andererseits lebt die Gemeinschaft von individuellen Persönlichkeiten.

25

Personale Kompetenz

Hülshoff (1996) definiert Persönlichkeitskompetenz (persönliche Kompetenz) unter der Fragestellung: Inwieweit lasse ich mich von vereinbarten Werten, Regeln, Überzeugungen bei der Ausübung meiner bestimmten Tätigkeit leiten?

Die *Abbildung 12 Persönlichkeitskompetenz nach Hülshoff* (Hülshoff 1998a) zeigt als Netzbild die Elemente der personalen Kompetenz.

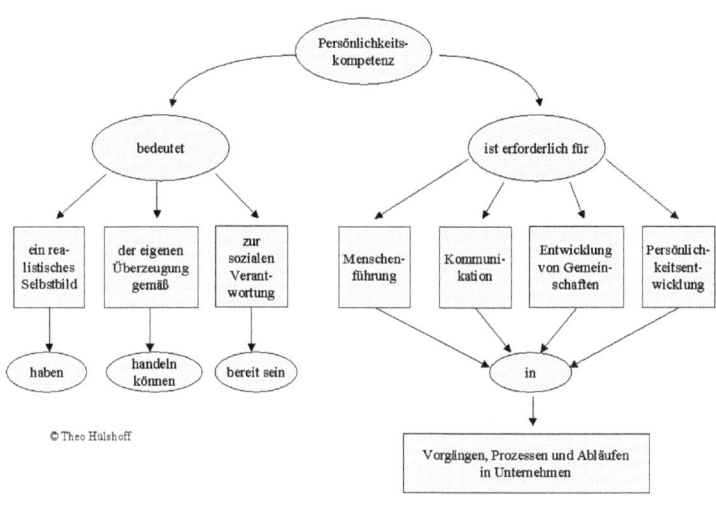

Abbildung 12 Persönlichkeitskompetenz nach Hülshoff

„Personale Kompetenz bedeutet:

- ein realistisches Weltbild haben,
- der eigenen Überzeugung gemäß handeln können und
- zur sozialen Verantwortung bereit sein

Personale Kompetenz ist erforderlich für Menschenführung, Kommunikation, Entwicklung von Gemeinschaften und Persönlichkeitsentwicklung in Vorgängen, Prozessen und Abläufen im Unternehmen."

Personale Kompetenz lässt sich auch in folgende Themenkomplexe kleiden (nach Faix/Laier 1996):

1. Selbst-Bewusst-Sein als Mensch,
   - der im Laufe seiner Sozialisation Werte gebildet hat und
   - der individuelle Bedürfnisse hat

2. Verantwortungs-Bewusst-Sein
   - Vernunft entwickeln
   - seine eigene lebenswerte Moral entwickeln als fortwähren-den Prozess der aktiven Auseinandersetzung der eigenen, inneren Werte mit den Werten der Gesellschaft und überlie-ferten ethischen Werten
   - individuelle Bedürfnisse und Ziele in Übereinstimmung mit der eigenen Moral bringen

3. Mündig-Sein
   - seine Gedanken, Wünsche, Empfindungen und Einstellun-gen selbstbewusst und zielstrebig in die Welt einbringen
   - fähig sein, sich in den verschiedenen sozialen Situationen angemessen zu präsentieren.

Medienkompetenz

Die Entwicklung umfassender Handlungskompetenz ist ohne Kommunikation – und damit ohne Kommunikative Kompetenz – nicht möglich. Dewe (1997) befasst sich ausführlich mit der Anwendung der Technik in der Kommunikation und in den Medien (s. *Abbildung 13 Komplexität der Medienwelt*) und prägt den Begriff „Medienkompetenz".

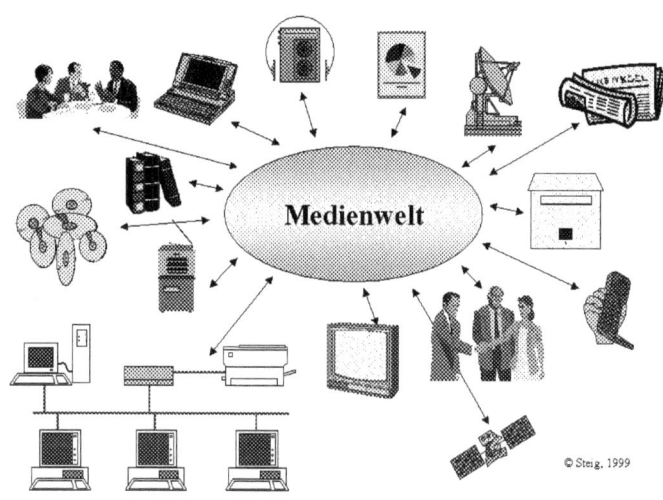

Abbildung 13 Komplexität der Medienwelt

Das Thema Medienkompetenz lässt sich als „erlernte Fähigkeit bezeichnen, mit technischen Medien umzugehen, sie ‚bedienen' zu können, und zwar nicht nur technisch, sondern auch im Sinne von ‚sich ihrer für eigene Zwecke bedienen zu können', ihre ‚Sprache' verstehen und decodieren zu können und über Hintergrundwissen zu verfügen, wie mediale Botschaften entstehen, welche gesellschaftlichen Interessen damit verbunden sind und in welchem Verhältnis die mediale Wiedergabe von Wirklichkeit (berichtete Ereignisse) zur gesellschaftlichen Realität (die Ereignisse selbst) steht." (Dewe, 1997, S.59).

Medienkompetenz beinhaltet stets ein ‚Können', deren Vermittlung über die expliziten Formen des Lernens jedoch nur schwer und unvollständig möglich ist. Dewe begründet dies, „da Medienkompetenz bedingt, den strukturellen Kern von Theorie- oder Technologieangeboten immer wieder für jede konkrete Situation des Handelns neu zu rekonstruieren. Es geht nicht um Lerntechniken ..., sondern um ein Modell für ein Lernen von Aspekten der Handlungsfähigkeit, die man gelegentlich für nicht erlernbar hält, weil sie vermeintlicherweise auf Intuition fußen." (Dewe 1997, S.62).

„Tendenziell tritt an die Stelle der Vermittlung sachlichen Wissens nun die Vermittlung genau derjenigen Qualität von Wissen, auf die sich auch der Kompetenzbegriff bezieht." (ebenda, S.63). Die Diskussion um die Schlüsselqualifikationen nach Reetz (s. auch Kapitel *Modell 5* und *Tabelle 2 Schlüsselqualifikation als Sach-, Selbst- und Sozialkompetenz*) wird wieder aufgenommen.

Sachkompetenz	Selbstkompetenz	Sozialkompetenz
tätigkeitsbezogene Qualifikation	persönlichkeitsbezogene Qualifikation	sozial ausgerichtete Fähigkeiten
Zugriffswissen, know how to how, key knowledge; Transferfähigkeit; Erschließungskompetenz durch Sachkompetenz; Problemlösefähigkeit	Lebenslanges Lernen, kognitive Flexibilität; Fähigkeit des Sich-Selbst-Befähigens; Selbsterfahrung; Selbstdistanz; Reflexivität	Fähigkeit zum Wechsel von Rollenperspektiven; Kommunikationsfähigkeit; Kooperations- und Rückkopplungsfähigkeit; Konfliktfähigkeit

Tabelle 2 Schlüsselqualifikation als Sach-, Selbst- und Sozialkompetenz

Insbesondere die Forderungen nach lebenslangem Lernen, Fähigkeit zum Wechsel sozialer Rollen, Dekodierfähigkeit, Planungsfähigkeit, Fähigkeit zur Zeiteinteilung (Zeitmanagement) sowie sich eigene Ziele zu setzen und zu verfolgen weisen auf die notwendige Entwicklung von Selbst- und Sozialkompetenz hin.

„Die Idee der Schlüsselqualifikationen hat sich in der Debatte Schritt für Schritt in Richtung auf ‚Erschließungskompetenz' (Tietgens 1989) bewegt, auch und gerade im Kontext Neuer Medien. Gemeint ist damit die Fähigkeit einer autonomen, sach- und situationsadäquaten Erschließung von Fertigkeiten und Wissensbeständen" (Dewe, 1997, S.64).

Dabei behält die Sachkompetenz natürlich ihre Bedeutung, denn kompetentes Handeln von Erwachsenen erfordert nach wie vor inhaltliche und fachliche Kenntnisse. „Allerdings müssen solche sachlichen Kompetenzen flankiert werden durch eine ausgebildete Identität (Ich-Stärke, Reflexivität, Kritikfähigkeit) sowie durch soziale Kompetenzen (Kooperationsfähigkeit, Kommunikationsfähigkeit, Deutungsfähigkeit sozialer Situationen)." (ebenda).

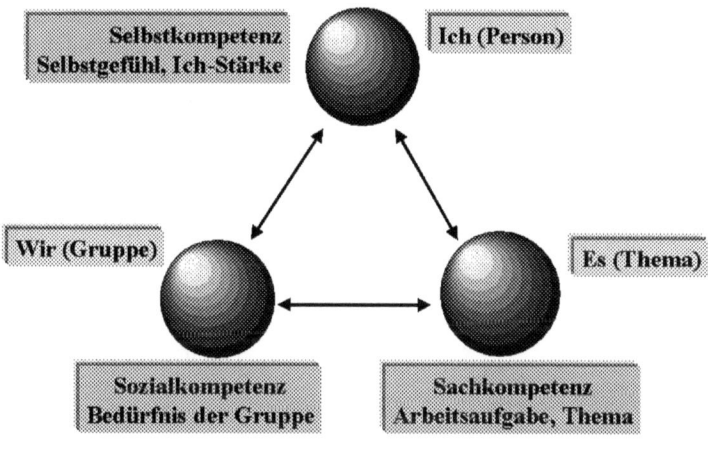

© Steig 1999, entwickelt nach Kamps 1996

Abbildung 14 Zieldimension zur Förderung von Sach-, Selbst- und Sozialkompetenz

Nach dem Modell von Kamps (1996) lässt sich basierend auf der Methode TZI nach Cohn eine Zieldimension zur Förderung von Sach-, Selbst- und Sozialkompetenz entwickeln (s. *Abbildung 14 Zieldimension zur Förderung von Sach-, Selbst- und Sozialkompetenz*).

„Medienkompetenz hat deutlich Anschlüsse an andere Kompetenzen im Umgang mit Alltagsphänomenen und kann nicht länger isoliert betrachtet werden" (Dewe 1997). *Tabelle 3 Medienkompetenz als Sach-, Selbst- und Sozialkompetenz* zeigt auch, wie sich die allgemeinen Kompetenzkriterien „bruchlos" unter dem Begriff ‚Medienkompetenz' subsumieren lassen.

Sachkompetenz	Selbstkompetenz	Sozialkompetenz
tätigkeitsbezogene Qualifikation	persönlichkeitsbezogene Qualifikation	sozial ausgerichtete Fähigkeiten
Zugriffswissen, um Medien bedienen zu können; mediales Schlüsselwissen; Übertragungsfähigkeit, zum Beispiel textuale Dekodierfähigkeit auf andere Medien	Bereitschaft, sich mit „neuen" Medien aktiv auseinander zu setzen, hier besonders: Fähigkeit des Sich-Selbst-Befähigens (Tietgens); Differenzierbarkeit zwischen Realität und Medienrealität; Fähigkeit einer reflexiven Medienrezeption; Reflexivität über die gesellschaftliche Rolle von Medien	Fähigkeit Reziprozität der Perspektiven zwischen Rezipient und Medienfigur; Integrationsfähigkeit von Medienkommunikation in soziale Netzwerke; Nutzungsfähigkeit der Medien als Mittel sozialer Kooperation; Berücksichtigung sozialer Konsequenzen des eigenen Medienhandelns

Tabelle 3 Medienkompetenz als Sach-, Selbst- und Sozialkompetenz

Sachkompetenz bedeutet dann die Fähigkeit, sich autonom die notwendigen Kenntnisse anzueignen, um mit unbekannten Medien und neuen Medieninhalten umgehen zu können.

Selbstkompetenz spielt eine große Rolle, „da erst die Fähigkeit des Sich-Selbst-Befähigens (Tietgens) eine adäquate ‚Selbstrekrutierung' von medialem Sachwissen ermöglicht. ... Weiter sichert eine ausgebildete Ich-Stärke vor der Gefahr, es sich als Erwachsener nicht zuzutrauen, neue Medien und Techniken zu erschließen." (ebenda).

„Sozialkompetenz umfasst schließlich den Bereich der Medienkompetenz, der sich auf soziale Auswirkungen z.b. Neuer Medien bezieht und die Mediennutzung im Sinne sozialer Integration und Verständigung fördert" (ebenda).

In Ergänzung zu Dewe, der die Dreiteilung des Medienkompetenzbegriffs als „noch abstrakt" und mit den Worten von Baacke als „weitgehend empirisch leer" bezeichnet, scheint Medienkompetenz jedoch die gleiche Bedeutung beizumessen zu sein wie einer ganzheitlichen Handlungskompetenz.

Verschiedene Kompetenzmodelle in der pädagogischen Praxis

Modell 1

„Spezialisiertes Fachwissen und eine gute Allgemeinbildung alleine reichen nicht mehr aus, im Berufsalltag Leistungen zu bringen und die wirtschaftliche und gesellschaftliche Entwicklung verantwortungsbewusst voranzutreiben." (Faix/Laier 1994, S.36).

Das Handlungskompetenz-Modell nach Faix/Laier entsteht durch das synergetische Zusammenwirken von:

- fachlicher Kompetenz,
- methodischer Kompetenz und
- sozialer Kompetenz

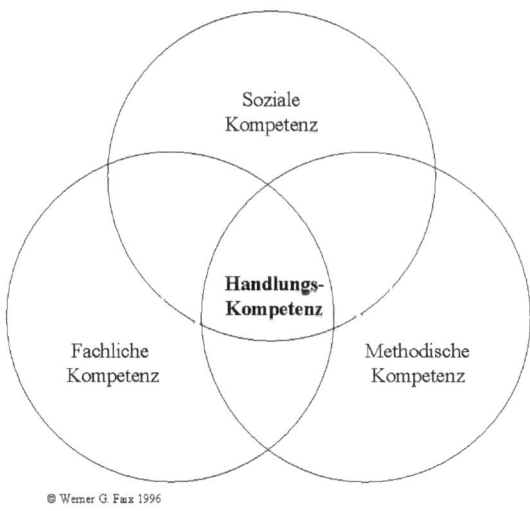

© Werner G. Faix 1996

Abbildung 15 Handlungskompetenz-Modell nach Faix / Laier

Um wirklich handlungsfähig zu werden, brauchen die Menschen in den Unternehmen neben umfangreichem fachlichen Wissen auch methodische und soziale Kompetenzen. Diese stehen in einem engen Wirkungszusammenhang. *Abbildung 15 Handlungskompetenz-Modell nach Faix / Laier* veranschaulicht diesen Zusammenhang.

Wenn Menschen verschiedene Mittel zur Problemlösung heranziehen können, diese effizient verwenden und auf diese Weise vorhandenes Fachwissen besser nutzen können, verfügen sie über die entsprechende methodische Kompetenz.

Faix/Laier betrachten soziale Kompetenz als Wettbewerbsfaktor der Zukunft. Sie bildet die Grundlage für ein erfolgreiches Interagieren und Kommunizieren mit den Kollegen am Arbeitsplatz sowie gemeinsame Aufgabenstellungen zu lösen und verantwortungsbewusste Entscheidungen zu treffen.

Für Faix/Laier besteht die Herausforderung die heutige Bildungskrise zu bewältigen, darin, „den angehenden Arbeitnehmern und Entscheidungsträgern Handlungskompetenz zu vermitteln." (Faix/Laier 1996, S.36).

Modell 2

Nach Hülshoff (1996) ergibt sich Handlungskompetenz aus den vier Kompetenzbereichen

- Fach-Kompetenz
- Methoden-Kompetenz
- Sozial-Kompetenz
- Persönlichkeits-Kompetenz

Kommunikative Kompetenz und Sozial-Kompetenz verwendet Hülshoff gleichermaßen für denselben Kompetenzbereich eines Menschen.

Abbildung 16 Handlungskompetenz-Modell nach Hülshoff veranschaulicht, wie sich Handlungskompetenz als die Vereinigung der vier Kompetenzen ergibt.

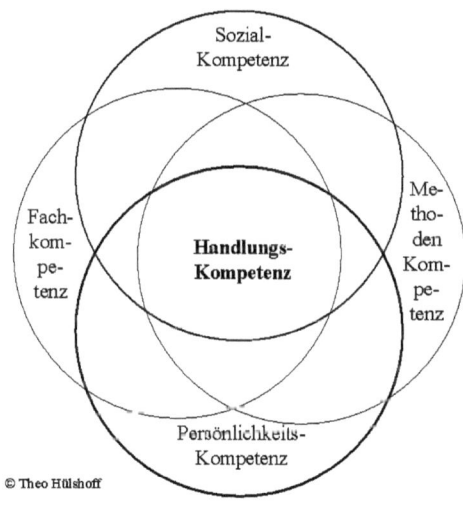

© Theo Hülshoff

Abbildung 16 Handlungskompetenz-Modell nach Hülshoff

Für Hülshoff spielt das Handlungskompetenzmodell eine zentrale Rolle bei der Entwicklung von Führungspersönlichkeiten in Unternehmen, wie in Kapitel *Vergleichbarkeit der Modelle* näher ausgeführt wird.

Hülshoff entwickelt die Anforderungen an die Ausprägung der verschiedenen Teilkompetenz durch inhaltsbezogene Fragetechniken. Fachkompetenz äußert sich zum Beispiel durch die Antwort auf die Frage: Welches fachliche Wissen klärt die konkrete Handlungssituation? Methodenkompetenz wird deutlich durch die Antwort auf die Frage: Wie interagiere ich in der konkreten Handlungssituation? Persönlichkeitskompetenz wird durch Antworten auf die Frage: Inwieweit lasse ich mich in der konkreten Handlungssituation von persönlichen Einstellungen usw. leiten? entwickelt.

„Eine unabdingbare Voraussetzung für die Handlungskompetenz von Führenden ist darin zu sehen, dass sie ihre persönliche und soziale Kompetenz umfassend und auf hohem Niveau entwickelt haben. Selbstverständlich muss auch ein Führender methodische Fähigkeiten und den fachlichen ‚Durchblick' haben. Er muss jedoch nicht sein bester Sachbearbeiter sein." (Hülshoff, 1996, S.42).

Modell 3

Für Münch (1993) sind dem ganzheitlichen Produkt aus technischer Qualität, Verfahrensqualität und sozialer Qualität die jeweilige

- Fachkompetenz,
- Methoden- und Selbstlernkompetenz sowie
- Sozial- und Mitwirkungskompetenz

zuzuordnen, wie in nachfolgender Abbildung dargestellt wird.

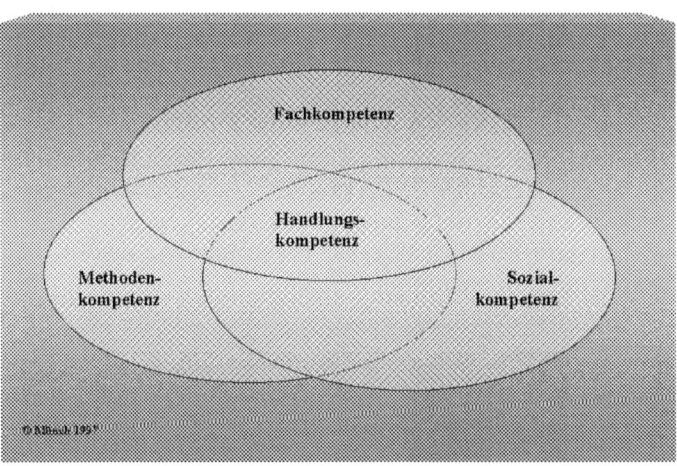

Abbildung 17 Handlungskompetenz-Modell nach Münch

„Ziel des handlungsorientierten Lernens ist die Entwicklung einer umfassenden beruflichen Handlungskompetenz". Münch (1993, S.211) definiert unter Handlungskompetenz „die Befähigung zu einer aktiven, rationalen und kritisch reflektierenden Bewältigung von beruflichen Situationen unter Abwägung der eigenen Ziele und Interessen mit den Zielen und Interessen der Mitwelt."

Als Handlungskompetenz wird auch die Fähigkeit bezeichnet, die Gesamtheit der einem Menschen zu Verfügung stehenden Handlungsschemata anzuwenden, die er sich auf verschiedenste Weise aneignen kann:

- durch Aneignung von vorgegebenen Verhaltensmustern, d.h. durch Lernen vom Modell
- durch eigenständige oder angeleitete Ausbildung von Handlungsgrundmustern und
- durch Erweiterung, Modifizierung oder Verfestigung der Handlungsschemata beim selbständigen Handeln in Lernsituationen oder echten Lebenssituationen.

Hierbei hat das handlungsorientierte Lernen die bewusste Erweiterung und Verfeinerung der Handlungsschemata und deren kritisch-reflektierte Anwendung in Handlungssituationen zum Ziel. „Deshalb gehört zur Handlungskompetenz des Menschen die Fähigkeit, die Folgen des eigenen Handelns für sich selbst und seine Umwelt mit zu bedenken und die eigenen Ziele mit den Zielen der Umwelt in Einklang zu bringen." (Münch, 1993, S. 212). Aus diesem Anspruch entwickeln sich die Anforderungen des Neuen Lernens, dass den Menschen dazu befähigt, nicht nur Fachkompetenz sondern Handlungskompetenz zu erwerben.

Modell 4

Schäffner (1991) entwickelt ein Kompetenzmodell, das sich – wie bei Reetz (1990) und Sievert (1998) – als Modell aus Schlüsselqualifikationen darstellt. „Die vielfältigen Versuche, Schlüsselqualifikationen zu entwickeln laufen allesamt darauf hinaus, Lernen nicht länger als einen Vorgang zu begreifen, der aus Menschen Enzyklopädien macht. Jede Qualifikation ist ein ‚Schlüssel, mit dem man sich Zugang zur Lösung einer Aufgabe verschafft. Gemeint ist bei Schlüsselqualifikationen offenbar nicht ein Schlüssel schlechthin, sondern gewissermaßen ein Generalschlüssel, der auf mehrere Schlösser passt (Barthel 1988; S. 3)'."

Für Schäffner veredeln die Schlüsselqualifikationen „als Methodenkompetenz, Selbstkompetenz und Sozialkompetenz die Fachkompetenz von einem Schlüssel, der nur in <u>ein</u> Schloss passt, zu einem Generalschlüssel.", wie die nachfolgende Abbildung zeigt.

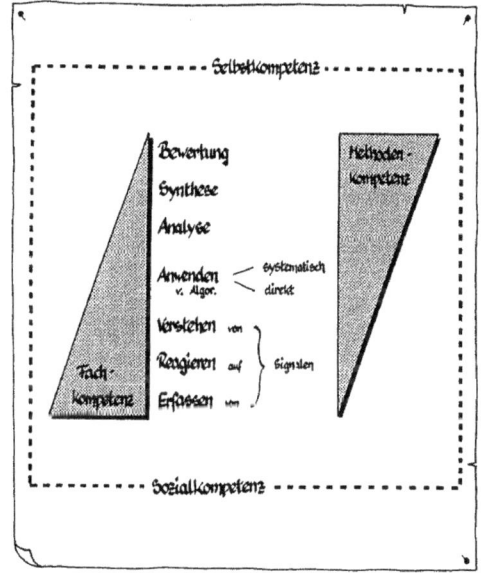

© Schäffner

Abbildung 18 Zusammenwirken verschiedener Kompetenzen nach Schäffner

Modell 5

Rolf Dubs (1995, S. 174 f.) beschreibt die Schlüsselqualifikationen, die L. Reetz in seinem Ansatz zur Persönlichkeitstheorie entwickelt hat, folgendermaßen:

Im Mittelpunkt der Persönlichkeitstheorie nach Reetz steht die menschliche Handlungsfähigkeit, die sich in drei Dimensionen aufgliedern lässt. Diese Dimensionen sind:

1. sacheinsichtiges Verhalten und Handeln (Sachkompetenz und intellektuelle Mündigkeit)
2. sozialeinsichtiges Verhalten (Sozialkompetenz und soziale Mündigkeit)
3. werteinsichtiges Verhalten (Selbstkompetenz und moralische Mündigkeit)

Diesem zentralen Handlungssystem sind fünf Systeme menschlicher Kräfte und Fähigkeiten vorgeschaltet. Es sind dies die Systeme:

1. Antriebssystem,
2. Wertungssystem,
3. Orientierungssystem,
4. Steuerungssystem und
5. Lernsystem

In dieser Systematik unterscheidet Reetz nun drei Fähigkeitsgruppen. Es sind dies:

1. persönlich-charakterliche Grundfähigkeiten (Einstellungen, normative Orientierungen, charakterliche Eigenschaften, Aktivität, Initiative, Lernbereitschaft). Reetz bezeichnet diese Fähigkeiten zusammenfassend als „Ich-Kompetenz"
2. leistungstätigkeits-aufgabengerichtete Fähigkeiten (z.B. Problemlösen, Entscheiden, Konzepte entwickeln). Reetz bezeichnet diese Fähigkeiten zusammenfassend als „sachbezogene Methodenkompetenz"
3. sozial gerichtete Fähigkeiten (z.B. Kooperationsfähigkeit, Konfliktbewältigung, Verhandlungsfähigkeit). Reetz bezeichnet diese Fähigkeiten zusammenfassend als „Sozialkompetenz"

42

Die vorgenannten Fähigkeiten führt Reetz zum Begriff der Schlüsselqualifikationen zusammen. Diese werden in *Abbildung 19 Schlüsselqualifikation und Persönlichkeit nach Reetz* unten dargestellt.

Diese Schlüsselqualifikationen sind als allgemeine Lernziele mit konkreten inhaltlichen Lernzielen in Beziehung zu bringen.

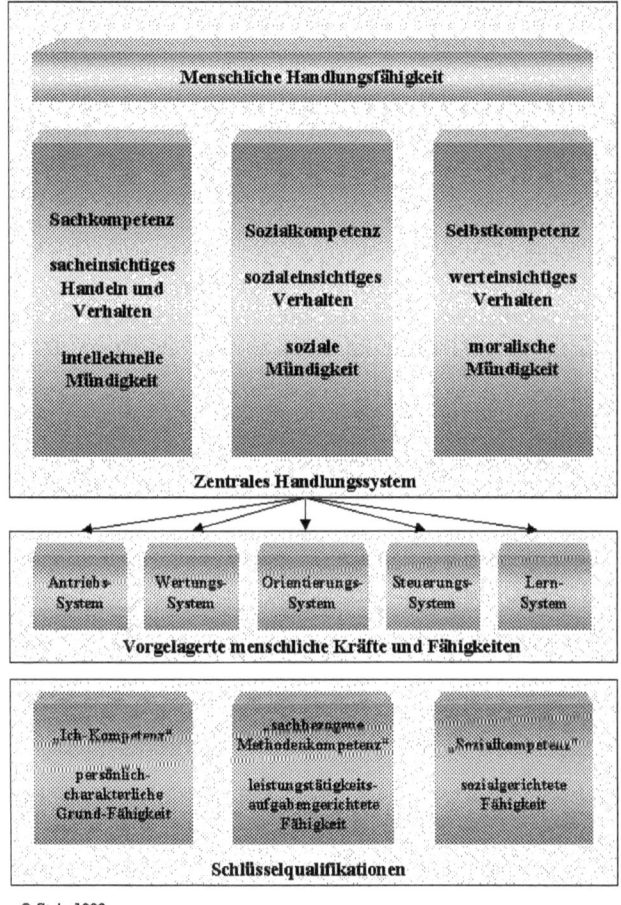

© Steig 1999

Abbildung 19 Schlüsselqualifikation und Persönlichkeit nach Reetz

Im Zusammenhang mit einem Qualifizierungsmanagement (Integration von Lernen und Arbeiten in der „lernenden Organisation") entwickelt Sievert (1998) das Modell der Handlungskompetenz, wie es in *Abbildung 20 Schlüsselqualifikationen nach Sievert* dargestellt ist. Die neuere Qualifikationsforschung rät seit Jahren, den Blickwinkel nicht nur auf die Fachkompetenz sondern auch auf die drei anderen Kompetenzbereiche zu richten. Erst die ausgewogene Vermittlung sowie der Erwerb von Wissen, Fähigkeiten und Fertigkeiten in allen Kompetenzfeldern führen zu einer umfassenden Qualifikation der Menschen im Sinne einer Ausstattung mit sogenannten Schlüsselqualifikationen. Für Sievert bedeuten:

1. Fachkompetenz: Kenntnisse und Fertigkeiten in bestimmten Fachgebieten, überwiegend auf Lehre und Studium aufbauend
2. Methodenkompetenz: Allgemeine methodische Fähigkeiten, z.B. Problemlösungsmethoden, aber auch spezielle Analyse- und Arbeitsmethoden, Führungsmethoden und vor allem kreative Fähigkeiten.
3. Sozialkompetenz: Fähigkeiten im Umgang mit anderen Menschen, beispielsweise mit Kunden, als Führungskraft mit Mitarbeitern, bei der Teamarbeit mit Kollegen, aber auch die Fähigkeit, fremdes Expertenwissen zu nutzen.
4. Individualkompetenz: Fähigkeit, mit sich selbst in Stress- und Konfliktsituationen zurechtzukommen.

Im Zusammenhang mit den einzelnen Kompetenzbereichen beziehungsweise der Vermittlung von Schlüsselqualifikationen kommt der Integration von Lernen und Arbeiten eine zentrale Bedeutung zu.

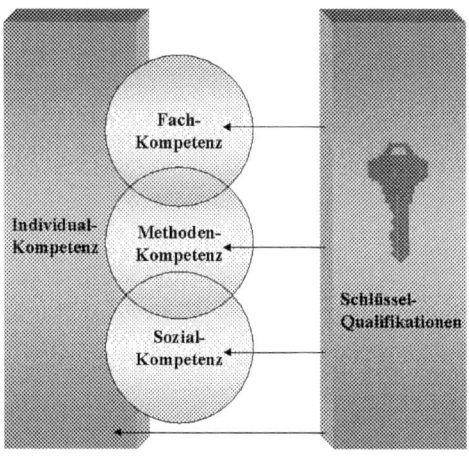

Fach-
Kompetenz

Individual-
Kompetenz

Methoden-
Kompetenz

Sozial-
Kompetenz

Schlüssel-
Qualifikationen

© Horst Sievert, (1998)

Abbildung 20 Schlüsselqualifikationen nach Sievert

Vergleichbarkeit der Modelle

Gemeinsamkeiten

Trotz der begrifflichen Vielfalt dieses Themas lassen sich in den hier betrachteten Modellen folgende Gemeinsamkeiten feststellen. Fast alle Modelle verwenden die Begriffe:

- Fachkompetenz,
- Methodenkompetenz und
- Sozialkompetenz

in annähernd gleicher Weise. Die Personale Kompetenz wird mit etwa gleichlautenden Inhalten auch als „Ich-Kompetenz", „Individualkompetenz" oder „Selbstkompetenz" bezeichnet.

Das Handlungskompetenzmodell wird häufig als Basismodell zur Entwicklung von Anforderungsprofilen für Führungskräfte verwendet.

Hoeffler (1998) zitiert ihrerseits eine Studie des GEVA-Instituts, München, das unter ca. 4500 Managern eine Untersuchung zum Führungsverhalten durchführte und kommt zu der Aussage: „Weiterbildung muss stärker als bisher auch die menschliche Seite, die soziale und persönliche Kompetenz, einbeziehen. Die Einstellungsänderung bei den Managern schlägt sich darin nieder, dass der Entwicklungsbedarf in den Bereichen

- strategische Kompetenz,
- Fähigkeit, mit Teams umzugehen und
- soziale und kommunikative Kompetenz

sehr hohe Bedeutung beigemessen wird, während die Bedeutung des Lernens in den Fachgebieten abnimmt und nur einen mittleren Wert erreicht, ... der Handlungsbedarf im Erlernen sozialer Kompetenzen wurde also erkannt".

Hülshoff (1998b) entwickelt einen umfangreichen Anforderungskatalog für Führungskräfte, indem er 16 wichtige Tätigkeiten von Führenden aufführt (s. Abbildung 21 Wichtige Tätigkeiten von Führenden).

© Hülshoff 1998

Abbildung 21 Wichtige Tätigkeiten von Führenden

Im weiteren Verlauf seiner Untersuchungen stellt Hülshoff diese Tätigkeiten in den Zusammenhang zu den in seinem Modell 2 (s. Kapitel *Modell 2*) aufgeführten Kompetenzen.

Daraus ergibt sich ein Soll-Profil für eine Führungskraft, das deutlich durch folgende Merkmale geprägt ist: Die soziale und persönliche Kompetenz haben einen besonders hohen Anteil an der Ausprägung der Handlungskompetenz (s. *Abbildung 22 Soll-Profil einer Führungskraft*).

48

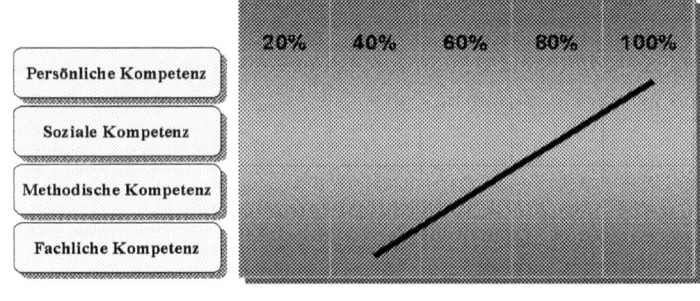

© Hülshoff, 1998

Abbildung 22 Soll-Profil einer Führungskraft

Stellen wir dieses Soll-Profil in einem Netz dar, so ergibt sich die Darstellung nach *Abbildung 23 Idealausprägung der Handlungskompetenz einer Führungskraft.*

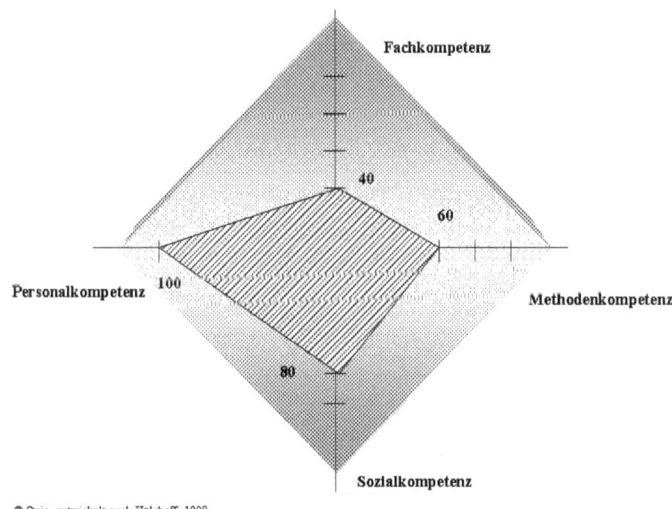

© Steig, entwickelt nach Hülshoff, 1998

Abbildung 23 Idealausprägung der Handlungskompetenz einer Führungskraft

Diese Netzdarstellung eignet sich hervorragend als Instrumentarium, um die individuelle Ausprägung der Kompetenzen bei Führungskräften darzustellen, z.B. wenn diese sich selbst an Hand des Anforderungskatalog nach Hülshoff eingeschätzt haben. Dazu ist es erforderlich, den Fragenkomplexen im Anforderungskatalog eine fünf- oder siebenstellige Scorring-Ziffer zuzuordnen und anschließend das Ergebnis zu normieren.

Unterschiede

Der Begriff „Kommunikative Kompetenz" wird – außer bei Löwisch (1996) – als eigenständige Kompetenz nicht verwendet. Vielmehr ist die Zuordnung dieser wichtigsten Kompetenz entweder zur personalen oder sozialen Kompetenz vorgenommen worden.

Trotz der vielen Übereinstimmungen in der inhaltlichen Interpretation der verwendeten Kompetenzbegriffe ist deutlich festzustellen, dass es auch in der Verwendung des Begriffs „Handlungskompetenz" deutliche Unterschiede gibt.

Nach Volpert (1979, S. 27), zitiert in Heeg/Münch (1993, S. 196), ist Handlungskompetenz ein „Regel- und Elementesystem zur Erzeugung realisierbarer Pläne." Das führt dazu, dass „Menschen eine Vielzahl von Handlungen erfolgreich planen und durchführen, die sie in dieser Form vorher niemals verrichtet haben."

„Handlungskompetenz kann erst dann vollwirksam zur Persönlichkeitsförderung beitragen, wenn sie aufgrund vorhandener Handlungsspielräume auch zum Handeln genutzt werden kann." (Heeg/Münch 1993, S. 198).

„Handlungskompetenz umfasst die Gesamtheit der einer Person zur Verfügung stehenden Pläne beziehungsweise Aktionsprogramme. Sie werden gebildet aus Kenntnissen, Strategien und Könnensmustern. Die Handlungskompetenz erlaubt die in veränderten Arbeitssystemen erforderliche flexible und ganzheitliche Bewältigung von Arbeitsaufgaben." (Heeg/Münch 1993, S. 40). Dazu ist es erforderlich, dass Menschen Transformationsmöglichkeiten finden, die auf den komplexen, vernetzten und dynamischen Ausgangszustand einwirken.

Berufliche Handlungskompetenz, wie sie aus einer handlungsorientierten Berufsbildung erwächst, wird nach Rauner (1995) auch als Leitidee bezeichnet, „die mit dem im Berufsbildungsgesetz formulierten Zweck der Berufsbildung durchaus korrespondiert. Es geht also auch um die Vermittlung von Bildung im Sinne umfassender Orientierungshilfen sowie die Vermittlung von Handlungs- und Sozialkompetenz (Arnold/Lipsmeier 1995, S. 21).

„Ein systematisch strukturiertes kaufmännisch-wirtschafts-wissenschaftliches Wissen ist die Basis jeglicher ökonomischen Urteilsfähigkeit im allgemeinen und jeder speziellen wirtschaftsberuflichen Handlungskompetenz, die das Qualitätsmerkmal der Selbständigkeit trägt." (Zabeck 1995, S.228).

Handlungskompetenz umfasst nach Hülshoff (1996) „also neben dem Wissen (fachliche Kompetenz)", das ein Mensch für eine bestimmte Tätigkeit benötigt, „auch die Fähigkeit, dieses Wissen in die Tat umsetzen zu können, (Methodenkompetenz). Auf der Grundlage eines fachlichen Durch- und Überblicks handeln zu können, bedeutet jedoch, dass" ein Mensch zudem fähig und bereit sein muss, „mit anderen zusammenzuarbeiten, mit anderen zu kommunizieren (soziale Kompetenz)."

„Selbst dieses Wissen (fachliche Kompetenz), dieses Umsetzenkönnen (methodische Kompetenz) und dieses Umgehenkönnen mit anderen (soziale Kompetenz) reicht noch nicht aus, um eine Tätigkeit „handlungskompetent" ausüben zu können. Dazu bedarf es" im Ich- oder Selbstkonzept eines Menschen einer ihn „prägenden und orientierenden Identifikation mit grundlegenden Werten und Überzeugungen, der Persönlichen Kompetenz." (Hülshoff 1996).

Arnold (1995, S. 294 f.) befasst sich hinsichtlich neuer Methoden betrieblicher Bildungsarbeit schließlich mit der Frage, „welche qualifikatorische Valenz (Wertigkeit) die einzelnen Methoden haben: Sind sie lediglich geeignet, Fachwissen und Fachkönnen (Fachkompetenz) zu vermitteln, oder kommt ihnen auch eine Bedeutung hinsichtlich der Förderung der Lern- und Arbeitstechniken (Methodenkompetenz) der Lernenden oder der Verbesserung ihrer Fähigkeit zur Teamarbeit und Kommunikation zu (Sozial- und Führungskompetenz) zu?".

Dewe/Frank/Huge betrachten innerhalb der Theorien der Erwachsenenbildung die subjektive Handlungskompetenz des Teilnehmers von Erwachsenenbildung als „unvollständig ausgeprägt" und begründen dies durch den Umstand, dass die Teilnehmer „in der alltäglichen Lebenspraxis häufig unter Zeitdruck handeln und nicht immer vollständig reflektierte Handlungen ausführen und sich mit dem Umgang von Alltagroutinen vertraut machen müssen." (Dewe/Frank/Huge, 1988, S. 29).

Zusammenfassung und Ausblick

„Angemessenheit, Anpassung, Adaptierung, Kompetenz, Bewältigung sind alles umweltbezogene Begriffe und deshalb nicht geeignet, die ganze Psyche (des Menschen) zu beschreiben, von der ein Teil nichts mit der Umwelt zu tun hat" (Maslow 1994). Doch trotz dieser „scharfen" Worte ist es notwendig, Handlungskompetenz sowohl in der beruflichen als auch in der privaten Qualifikation als existentielles Merkmal zu bezeichnen. Bei allen zitierten Autoren dieses Beitrages liegt der Schwerpunkt der Betrachtung nach wie vor auf dem der beruflichen Aus- und Weiterbildung.

Arnold (1995, S. 297) fordert vielmehr, dass die Methoden des handlungsorientierten Lernens dahingehend zu entwickeln sind, dass „Fachwissen und Fachkönnen ... durch sie in einer Art und Weise erarbeitet werden, bei der der Lernende gleichzeitig auch seine methodischen und sozialen Kompetenzen entwickeln kann."

Und genau das halte ich für den richtigen und zukunftsorientierten Ansatzpunkt. Aus betriebs- und führungspädagogischer Verantwortung heraus müssen wir in den Betrieben, Unternehmen, Medien, Verbänden und anderen Gemeinschaften den Handlungsrahmen schaffen, damit die Menschen ihre Handlungskompetenz vollverantwortlich weiterentwickeln können, obwohl die soziale und die personale Kompetenz in Form psychologischer Muster in den Menschen tief verankert und daher sehr schwer änderbar ist; aber sie sind änderbar.

Zur Bewältigung dieser Aufgabe ist die Entwicklung eines ganzheitlichen Handlungskompetenzmodells erforderlich. Dieses Modell orientiert sich an den bisherigen Modellen unter Berücksichtigung fortschreitender technologischer und betriebs- und führungspädagogischer Erkenntnisse.

Abbildung 24 Prozess zur Erlangung von Handlungskompetenz
zeigt in einem Ablaufschema, wie der Prozess zur Erlangung bzw.
Verbesserung von Handlungskompetenz bei Führungskräften struk-
turiert werden kann.

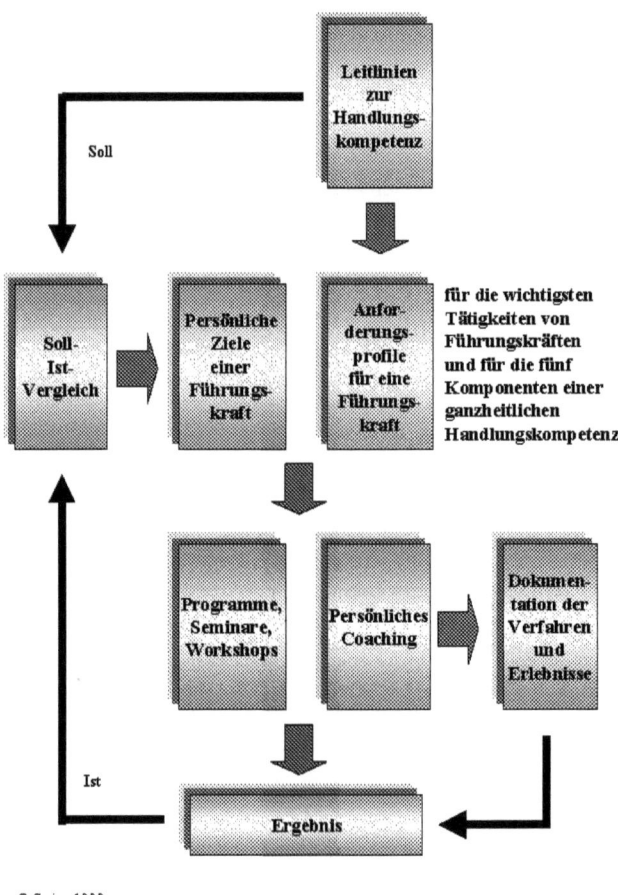

© Steig, 1999

Abbildung 24 Prozess zur Erlangung von Handlungskompetenz

Wir kennen die Feststellungen, dass Wissen heute eben nicht mehr Macht bedeutet, denn es ist zum einen im Sinne eines fast bedrohlichen Informations-Gaus an jeder Ecke im Übermaß zu haben und zum anderen viel zu schnell nichts mehr wert. Das bedeutet, dass wir uns in der Qualifikation und Weiterbildung einer ganzheitlichen Handlungskompetenz hinwenden müssen, einer Handlungskompetenz, die die Fach- und Methodenkompetenz (auch rationale Kompetenzen) und die intuitive, soziale und vor allem die personale Kompetenz (auch emotionale Kompetenzen) beinhaltet.

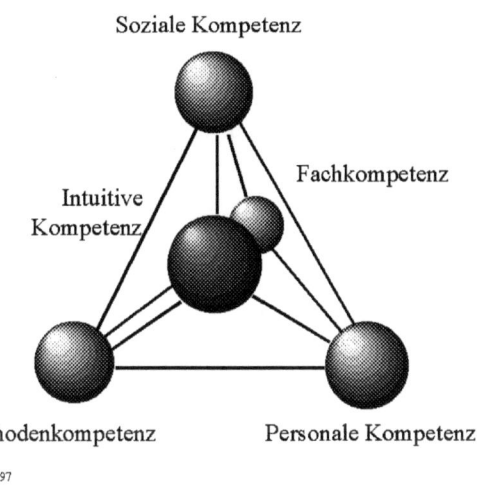

Abbildung 25 HandlungsKompetenzModell nach Steig

Dieses neue HandlungsKompetenzModell vereinigt alle bisherigen Modelle. Abbildung 25 HandlungsKompetenzModell nach Steig zeigt eine tetraedrische Struktur, wie wir sie z.B. im einfachsten Kohlenwasserstoff „Methan" kennen. Solche Strukturen - auch Silikatstrukturen genannt - sind sehr stabil. Sie fördern die Widerstandskraft und den Wunsch, das eigene Leben nach eigenen Vorstellungen zu gestalten. Sie regen das Streben nach Selbstverwirklichung an und geben Kraft und Ausdauer in schwierigen Zeiten.

„Wenn die Wirtschaftsprozesse von morgen immer „chaotischer"
und weniger steuerbar sind, und die Mitarbeiter von morgen lernen
müssen, in dynamischen Prozessen zu „surfen", können sie sich nur
noch auf ihre emotionalen Kompetenzen verlassen und nicht mehr
nur auf ihr Wissen." (M. Neuland, 1999).

Die fünf Elemente des HandlungsKompetenzModells werden auch
als Schlüsselqualifikationen bezeichnet. Schlüsselqualifikationen
veredeln als Methoden-, intuitive, personale- und soziale Kompetenz
die Fachkompetenz von einem Schlüssel, der nur zu einem Schloss
passt, zu einem Generalschlüssel.

Der so ermöglichte Zugang in die verschiedensten Bereiche schafft
Handlungskompetenz. Handlungskompetenz bedeutet letztlich: Ich
bin aufgrund meiner Persönlichkeit, meines Wissens und Verhaltens
kompetent, zum Wohle der mir anvertrauten Menschen zu handeln.

Anhänge

Autor

Michael Steig, geb. 1949, studierte 1970 bis 1976 an der Technischen Universität Berlin Bau- und Verkehrstechnik. In verschiedenen Unternehmen der deutschen Wirtschaft sammelte er anschließend viele Erfahrungen in den Bereichen Projektmanagement, Vertrieb und Personalführung. 1993 machte er sich als Unternehmensberater selbständig, studiert an der Universität Koblenz-Landau in Landau Erziehungswissenschaften und ist heute als Trainer und Coach tätig.

Kontakt

Als Autor freut er sich ganz besonders über das Interesse der Leserschaft, die sich mit dem neuen HandlungsKompetenzModell auseinandersetzen möchte. Um ihm Anregungen aber auch Kritik zukommen zu lassen, schicken Sie ihm eine eMail unter info@michael-steig.de oder schauen Sie doch einfach im Internet auf unsere WEB-Site www.michael-steig.de.

Die in diesem Buch verwendeten Grafiken sind als farbige DIN A4 Folien erhältlich. Richten Sie Ihre Anfrage unter Angabe der Abbildungsnummer bitte an o.g. eMail-Adresse.

Literaturverzeichnis

Arnold/Lipsmeier (1995): Handbuch der Berufsbildung, Opladen

Baacke, D. (1973): Kommunikation und Kompetenz. Grundlegung einer Didaktik der Kommunikation und ihrer Medien, München

Barthel, W. (1988): Mehr als ein Modewort: Schlüsselqualifikationen. In: Bundesarbeitgeberverband Chemie e.V. (Hrsg.): Ausbilder in der chemischen Industrie. Informationen für die Berufsbildungspraxis 1/1988; Seite 3-4

Böhm, W. (1994): Wörterbuch der Pädagogik

Chomsky, N. (1970): Sprache und Geist, Frankfurt a./Main

Dewe, B. (1997): Medienkompetenz in der betrieblichen Weiterbildung. In: WSB intern Heft 1/1997, Landau

Dewe/Frank/Huge (1988): Theorien der Erwachsenenbildung, München

Dubs, R. (1995): Wichtige Schlüsselqualifikations-Konzepte. In: Arnold/Lipsmeier Handbuch der Berufsbildung, Opladen

Faix/Laier, W.G./Laier, A. (1996): Soziale Kompetenz, Wiesbaden

Heeg/Münch (1993): Handbuch Personal- und Organisationsentwicklung, Stuttgart

Hoeffler, M. (1998): Führungsverhalten im Rahmen von TQM. In: Qualität und Zuverlässigkeit Heft 3/98, S. 284 ff., München

Hülshoff, T. (1996): Das Handlungskompetenzmodell. In: WSB intern Heft 2/1996, Landau

Hülshoff, T. (1998a): Warum ein weiterbildendes Studium der Betriebspädagogik? In: WSB Informationen, Landau

Hülshoff, T. (1998b): Theorie und Praxis der Menschenführung im Betrieb. Studienbegleitmaterial der Akademie Führungspädagogik Landau, Landau

Kamps, W. (1996): Gruppenpädagogik. In: Hierdeis/Hug (Hrsg.). Taschenbuch der Pädagogik, Göppingen

Löwisch, D.-J. (1996): Kommunikative Kompetenz. Studienbegleitmaterial der Akademie Führungspädagogik Landau, Landau

Maslow, A. (1994): Psychologie des Seins, Frankfurt

Münch, J. (1997): Personal und Organisation als unternehmerische Erfolgsfaktoren, Hochheim/Main

Neuland, M. (1999): Ganzheitlichkeit – ein Ruf, der nicht verstummt. In: Flockenhaus, U.: Zukunftsmanagement, Offenbach

Rauner, F. (1995): Gestaltung von Arbeit und Technik. In: Arnold/Lipsmeier: Handbuch der Berufsbildung, Opladen

Reetz, L. (1990) siehe Dubs, R. (1995)

Oerter/Montada (1995): Entwicklungspsychologie, Weinheim

Schäffner, L. (1991): Arbeit gestalten durch Qualifizierung, München

Sievert, H. (1998): Mit Qualität qualifizieren. In: Qualität und Zuverlässigkeit Heft 2/98, S. 155 ff., München

unbekannt (1997): Vorwort. In: Qualität und Zuverlässigkeit Heft 10/97, München

Zabeck, J. (1995): Didaktik kaufmännisch-verwaltender Berufsausbildung. In: Arnold/Lipsmeier Handbuch der Berufsbildung, Opladen

Verzeichnis der Abbildungen und Tabellen

Stichwortverzeichnis

62